PAIDEIA
ÉDUCATION

JEAN COCTEAU

Les Enfants terribles

Analyse littéraire

© Paideia éducation.

22 rue Gabrielle Josserand - 93500 Pantin.

ISBN 978-2-7593-0385-4

Dépôt légal : Juin 2023

Impression Books on Demand GmbH

In de Tarpen 42

22848 Norderstedt, Allemagne

SOMMAIRE

- Biographie de Jean Cocteau.. 9

- Présentation des *Enfants terribles*..................................... 15

- Résumé du roman... 19

- Les raisons du succès.. 27

- Les thèmes principaux.. 31

- Étude du mouvement littéraire.. 39

- Dans la même collection... 45

BIOGRAPHIE DE
JEAN COCTEAU

Naissance de Jean Cocteau le 5 juillet 1889 à Maison Laffitte. Son père, Georges dessine et Jean l'imitera dès son plus jeune âge. Son grand-père, collectionneur et mélomane, l'initie à l'art. Fasciné par le théâtre, Jean Cocteau devient un lecteur compulsif de magazines sur le sujet. Son père se suicide le 5 avril 1898, sa grand-mère meurt un an après. A l'âge de 11 ans, Jean Cocteau assiste à l'Exposition universelle. A cause de sa constitution faible, Jean est un élève médiocre et rejoint l'école de Condorcet en 6e. C'est à cette occasion qu'il rencontre Dargelos, qu'il transformera en personnage, notamment dans *Les Enfant terribles*. La cité Monthiers est le lieu de tous les amusements, lieu que le lecteur peut retrouver dans *Le Sang d'un poète*, *Opium* et *Les Enfants terribles*.

En 1904, il est renvoyé du Grand Orsay pour son trop grand nombre d'absences. A 18 ans, Jean Cocteau arrête ses études et se consacre à la poésie, au théâtre et au dessin. Le 4 avril 1908, il déclame des poèmes au théâtre Femina et obtient un grand succès mondain et académique. Il dirige avec Maurice Rostand la revue *Schéhérazade* et collabore à *Comoedia*. L'année suivante, il publie son premier recueil de poésie : *La Lampe d'Aladin*. Un succès qui, pourtant, l'année suivante sera entaché par deux échecs : *Le Dieu Bleu*, une pièce mal accueillie par le public et son recueil de poésie, *La Danse de Sophocle*. En 1913, il rencontre Proust, André Gide et Roland Garros, puis, Picasso l'année suivante. En 1915, il participe à la guerre comme ambulancier. A son retour, une querelle sévit entre Cocteau et les dadaïstes : les dadaïstes refusent de reconnaître son talent. *Antigone* est joué en 1922, les dadaïstes ripostent par la critique.

L'année de 1923 est l'année des publications : *Le Diable au corps*, *Plain-chant*, *La Rose de François*, *Picasso*, *Le Grand écart* et *Thomas l'imposteur*. Son ami Radiguet meurt, et Cocteau, désemparé, se plonge dans l'opium. Le 2 juin 1924,

Roméo et Juliette dont il a fait la mise en scène et œuvre dans laquelle il joue est représenté. Cocteau, l'année suivante rencontre Jean Bourgoint et sa sœur Jeanne, leur chambre lui inspire celle des *Enfants terribles*. Il suit une cure de désintoxication et publie *Lettre à Maritain, Orphée, Opéra, Œdipe roi, Prière mutilée* et *L'Ange Heurtebise*. En 1927, *Oedipus rex* mit en musique par Stravinski est représenté, de même qu'*Orphée*. Le théâtre de la Monnaie de Bruxelles accueille sur ses planches *Antigone*, sur une musique de Honegger. En 1929, s'achève une nouvelle cure pendant laquelle il écrit en 17 jours *Les Enfants terribles*. Cocteau s'initie au cinéma et tourne *Sang d'un poète* (1930). Deux ans plus tard, il achève *La Machine infernale*, l'un de ses chefs d'œuvre. C'est lors de l'audition pour *Œdipe Roi* qu'il repère Jean Marais, avec qui il collaborera également pour *Les Chevaliers de la Table ronde*. En 1938, il écrit en huit jours *Les Parents terribles* sous sa forme théâtrale, un succès public et critique. Il écrit un poème dédié à Jean marais, *L'Incendie*. En 1940, Les monstres sacrés sont interprétés sur scène avec en première partie, une chanson d'Edith Piaf.

Les Parents terribles sont rejoués, puis interdits à la représentation. En 1942, Cocteau se consacre entièrement au cinéma. Il écrit les dialogues de *La Comédie et le bonheur* et *Le Lit à colonnes*, achève le scénario de *L'Eternel retour* et récrit celui du *Baron fantôme*. Sa mère meurt en 1943. Acteur, il joue le rôle de Musset dans le film *La Malibran* de Sacha Guitry. On le sollicite pour devenir administrateur de la Comédie Française, mais il refuse. Il préfère s'engager pour sauver Jean Desbordes, prisonnier, mais celui-ci est exécuté. A la fin de la guerre, il comparait devant le Comité d'épuration du cinéma où il est acquitté rapidement. La même année, il tourne *La Belle et la bête* avec Jean Marais. Quelques mois plus tard, en 1946, il monte un ballet *Le Jeune Homme et la Mort*, dansé par Jean Babilée. L'année 1948 est prolifique en termes de réalisation : *Ruy Blas* sort en février, *L'Aigle à deux têtes* en septembre, *Les Parents terribles* en novembre. L'année suivante, *Les Parents terribles*, *La Machine infernale* et *Les Monstres sacrés* sont joués aux Moyen-Orient. *Les Enfants terribles* sont adaptés au cinéma par Melville. Le 14 juin 1940 est créé le ballet *Phèdre* pour lequel il écrit le livret, crée les costumes et le décor. Il peint ses premières toiles.

Son œuvre le propulse président du Syndicat des auteurs et compositeurs de musique. Agé de 62 ans, Cocteau ralentit sa production, ses activités sont principalement la peinture, l'écriture (*Journal d'un inconnu*, *Le chiffre sept*, *Appogiatures*) et la réalisation (*La Villa Santo Sospir*). En 1954, il préside le jury du Festival de Cannes. Un premier infarctus du myocarde le surprend cette même année. Nombreuses de ses pièces sont reprises et nouvellement interprétées dont *Orphée* et *La Machine à écrire*. En 1955, une exposition est organisée à Rome qui réunit ses pastels. Il est élu à l'Académie royale de langue et de littérature françaises de Belgique puis, à l'Académie française pour la succession de Jérôme Tharaud. Sa sœur meurt en 1958. Il entreprend *Le Testament d'Orphée*, mais des problèmes financiers l'en empêchent. Frappé d'une crise d'hémoptysie, il est condamné à garder le lit, cet évènement l'incite à écrire un recueil de poèmes, *Requiem*. Aussitôt rétabli, il reprend son travaille sur *Le Testament d'Orphée*. Deux ans plus tard, il reçoit la distinction de Commandeur de la légion d'honneur. Son frère meurt peu de temps après. Il réalise les décors et les costumes de *Pelléas et Mélisande* de Maeterlinck. Atteint d'une crise cardiaque, il meurt à Milly-la-Forêt en 1963.

PRÉSENTATION DES ENFANTS TERRIBLES

Opiomane, Jean Cocteau effectue un séjour en 1929 dans une clinique pour désintoxication, il lui aura fallu dix-sept jours seulement pour écrire *Les Enfants terribles*. La même année, le livre est publié aux Editions Grasset et rencontre un succès public et critique. Sa « poésie du roman » charme et son expérience enchante : « Je capte mes mythes et mes souvenirs de jeunesse. »

La peinture d'un monde bourgeois, d'une éducation restrictive en perdition, Jean Cocteau réalise une critique en montrant non pas avec cynisme les défauts de la bourgeoisie, mais avec un style léger, élégant et simple, contre le naturalisme, le romantisme, le décadentisme, pour la modernité et un contact direct avec son public, les dérivations de jeux d'enfants affranchis de toutes lois. Cocteau rêve d'un réalisme magique, et derrière cette magie, se cache une fantaisie grave, une hantise de la mort, une méditation sur la destinée des hommes. Paul et Elisabeth rassemblent le merveilleux et le tragique de ce constat :

« Les êtres singuliers et leurs actes asociaux sont le charme d'un monde pluriel qui les expulse. On s'angoisse de la vitesse acquise par le cyclone où respirent ces âmes tragiques et légères. Cela débute par des enfantillages; on n'y voit d'abord que des jeux. Trois ans passèrent donc, rue Montmartre, sur un rythme monotone d'une intensité jamais affaiblie. Elisabeth et Paul, faits pour l'enfance, continuaient à vivre comme s'ils eussent occupés deux berceaux jumeaux. Gérard aimait Elisabeth. Elisabeth et Paul s'adoraient et se déchiraient. » (Chapitre 9, *Les Enfants terribles*, Cocteau)

RÉSUMÉ DU ROMAN

Première partie

Chapitre 1

À seize heures, une émeute trouble le silence de la cité Monthiers, car le lycée Condorcet ouvre ses portes et les élèves ont choisi la cité comme quartier général. Un élève s'engouffre sous le porche et, malgré la bataille, part en quête de Dargelos, le coq du collège, qu'il admire. La neige vole, un doigt se lève et l'élève reçoit une boule de neige dans la bouche. Un coup le frappe en pleine poitrine ; il s'évanouit. Un des maîtres intervient : le petit Gérard accuse Dargelos d'avoir entouré une pierre avec de la neige. Le malade le défend et, Dragelos, indifférent, s'en va. Gérard, au contraire, se charge de ramener le malade chez lui.

Chapitre 2

La voiture roule lentement sur la glace. Gérard a menti, il n'y avait pas de pierre dans la neige. Il veut protéger Paul, car c'est ainsi qu'il s'appelle, de son amour pour Dargelos. Arrivé chez Paul, rue Montmartre, sa sœur dynamique, passionnelle aide Gérard à le porter à l'intérieur. Il arriva rue Lafitte, son oncle qui l'élève paye le taxi. Elisabeth avertit sa mère, paralysée, de l'état de son frère, puis s'occupe de lui jusqu'à ce que le médecin arrive et l'ausculte. Paul a eu une syncope, il risque de mourir. Sa sœur veille sur lui, et lui annonce qu'il ne retournera pas à l'école prochainement, cela le fait pleurer, car il s'imagine loin de Dargelos.

Chapitre 3

Dès le lendemain matin, des infirmières se présentent chez

Paul pour s'occuper de sa mère et de lui. Gérard arrive après l'école avec des fleurs artificielles dans un carton. Sur la demande de Paul, il a ramené des photographies de Dargelos. Ce dernier vient d'être expulsé de l'école pour avoir balancé au visage du proviseur du poivre, lors de sa convocation pour l'accident de la veille.

Chapitre 4

Le quotidien s'installe. Paul n'avait plus aucune raison d'aller à l'école, Dargelos n'y allant plus ; Gérard vient régulièrement leur rendre visite. La chambre dans laquelle dorment le frère et la sœur ressemble de plus en plus à une décharge. Alors qu'ils jouent, Elisabeth découvre sa mère, les yeux et la bouche ouvertes, morte. Le deuil fait rechuter la maladie de Paul. Le médecin et l'oncle de Gérard pourvoient au besoin du frère et de la sœur. Leur père était déjà mort depuis longtemps.

Chapitre 5

La rechute de Paul est longue et met en péril sa vie. De farouche, Elisabeth devient tendre, en réaction au mutisme de son frère. Et plus elle devient sainte en apparence et plus son frère souhaite la concurrencer par goût du challenge. Gérard, quant à lui, tombe amoureux d'Elisabeth, qui devient une jeune fille. Il convint son oncle et tous vont au bord de la mer, en vacances.

Chapitre 6

Dans l'hôtel, il est prévu qu'Elisabeth dorme dans la salle de bain, car il ne reste plus que deux chambres. Finalement,

Elisabeth partage la chambre avec son frère, et Gérard prend le lit installé provisoirement dans la salle de bain. Le séjour se passe entre sous-entendus et apparences. Les enfants sourient devant tout le monde, grimacent, se donnent des coups de coudes, des coups de pieds sous la table. Les deux, frère et sœur, s'entendent tellement que Gérard craint de les voir fusionner. Ils s'amusent à voler dans les magasins et à y entraîner Gérard. Elisabeth devient diable pour empêcher son frère de le devenir, le traque, l'injure et pense le rééduquer, alors que lui ne rit plus aussi plaisamment.

Chapitre 7

Dorénavant, Gérard dort rue Montmartre quand son oncle s'absente. Paul avait pris le dessus sur sa sœur depuis les vacances, il grandit et devient un homme ; elle s'en aperçoit, il sort avec des filles. Elle a dix-sept ans, il en a quinze. Pour énerver son frère, Elisabeth prend la décision de jouer avec sa féminité : lit un journal à voix haute quand il lit de la poésie, mange de l'écrevisse devant lui alors qu'elle déteste cela. Un soir, elle tutoie Gérard, il est au comble du plaisir. Le lendemain, ils discutent en se tutoyant avec un semblant d'habitude.

Chapitre 8

Les nuits dans la chambre se prolongent jusqu'à tard et le matin débute en début d'après-midi. Mariette, la bonne, prépare un lait chaud qui se refroidit, le jette, et court acheter des sandwiches sur ordre des enfants. Le soir, Paul sort et cherche des filles décrites dans la poésie de Baudelaire, Elisabeth, seule, reste à la maison, orpheline dans les ténèbres de la chambre de sa mère.

Chapitre 9

Ils ne se préoccupent pas de leur avenir, ils trouvent naturel que le médecin et l'oncle de Gérard les fassent vivre. Pourtant, Elisabeth, lasse de ne rien faire, s'empresse de demander à Gérard qu'il la présente à une couturière de sa connaissance. Elisabeth, d'une grande beauté, fut prise comme mannequin. Elle rencontre Agathe, une orpheline et mannequin, qu'elle ramène rue de Montmartre.

Chapitre 10

Agathe s'installe rue Montmartre. Elle croit être Dargelos sur une des photographies. La ressemblance est effective et Paul transfère la fascination qu'il a pour Dargelos sur Agathe. De ce fait, les disputes, inconsciemment, étaient orientées par cette nouvelle présence. Agathe avait été fille d'un père alcoolique qui la maltraitait. Aussi l'administrateur d'une maison de mode habitant le même immeuble l'engagea-t-elle et la sortit de l'enfer. Elisabeth, de son côté, croit qu'Agathe agace son frère car celui-ci ressemble à celui qui lui a envoyé la boule de neige.

Deuxième partie

Chapitre 11

Un certain Michaël, richissime, a demandé en mariage Elisabeth, elle a accepté. Il est prévu que Gérard et Paul demeurent rue Montmartre et qu'Elisabeth et Agathe déménagent. Michaël subviendrait aux besoins de la rue Montmartre. Gérard se résigne, se sacrifie. Il n'a jamais pensé qu'il pouvait se marier à son idole. Le déménagement est en phase de se faire, quand soudain Michaël meurt dans sa décapotable, décapité par son écharpe qui s'est agrippée à un arbre.

Chapitre 12

Elisabeth hérite de tout. Cependant, sa mort est vécue comme une affliction par le reste du groupe, ils l'appréciaient vraiment. Michaël rejoint la boîte à secret de la fratrie. Paul, Gérard et Agathe viennent vivre chez Elisabeth, la bonne également. Alors qu'Agathe et Elisabeth vont habiter dans la chambre d'Elisabeth, Paul s'installe dans l'ancienne chambre de Michaël qui communique par l'intermédiaire d'une salle de bain. Il renonce à son projet de solitude, à être séparé d'Agathe. Ils reproduisent la même entente et le même cadre de vie que la rue Montmartre.

Chapitre 13

L'hôtel dans lequel habitent les enfants est munie d'une galerie, celle-ci ne mène à rien, et c'est là son plus grand défaut. Michaël avait tenté de l'aménager et de réparer ce défaut en en faisant une pièce multiple, mais en vain. Un soir, Paul et Elisabeth se querellent et dans son élan, Paul, en pleine nuit s'enfuit dans cette galerie qu'il redécouvre. Les autres le rejoignent et établissent un camp, abandonnant les deux chambres. C'est en regardant un portrait d'Agathe que Paul prit conscience de son amour pour elle, sans pourtant se rendre compte qu'elle l'aime en retour. Un soir qu'elle était mal, Elisabeth accueille les confidences d'Agathe : elle aime Paul. De son côté Paul pleure, Elisabeth lui avoue un mensonge : Gérard et Agathe sont fiancés. Et pour lui donner du crédit, elle affirme devant Gérard qu'Agathe lui voue un grand amour et fit de même avec Agathe en lui recommandant d'aimer Gérard.

Chapitre 14

L'oncle de Gérard prépare le mariage. Elisabeth tente de se convaincre que ce qu'elle a fait est juste. Le voyage de noce laisse Paul et Elisabeth en tête à tête, Paul dépérit. L'oncle meurt, Agathe et Gérard sont forcés de revenir. Ils s'installent rue Laffitte, malgré l'instance d'Elisabeth qui leur cède un étage.

Chapitre 15

Gérard vient de rencontrer Dargelos dans la rue, il a manqué de le renverser avec sa voiture ; Dargelos se souvient de la passion que Paul et lui avait pour le poison étant jeune, il confie à Gérard une boule de poison. À l'hôtel, Elisabeth et Paul admirent la boule et jouent avec, s'ordonnent mutuellement de la manger. Finalement, Elisabeth range la boule dans leur trésor avec la photographie de Dargelos. Paul ne va pas mieux, il maigrit et perd l'appétit.

Chapitre 16

Elisabeth est malade, elle rêve que Paul est dans la galerie devenue forêt et qu'il est mort. Fiévreuse, elle se réveille et descend, Agathe vient d'entrer, Paul s'est empoisonné avec la boule de Dargelos. Elles tentent de le soigner. Pendant qu'Elisabeth monte dans sa chambre prendre des bouillottes, Agathe et Paul se déclarent leurs amours et comprennent la manigance d'Elisabeth. Cette dernière descend, avoue tout, et prise de folie se suicide en tirant sur sa tempe. Paul meurt de son empoisonnement.

LES RAISONS
DU SUCCÈS

Les Enfants terribles demeure à ce jour le livre le plus célèbre de Jean Cocteau. Il est traduit en anglais dès 1930 par Samuel Putnam et publié par Brewer & Warren Inc. En 1955, *Les Enfants terribles* traverse l'Atlantique, traduit par Rosamond Lehmann pour les Etats-Unis et, en 1966, une maison d'édition acquiert les droits de diffusion pour le territoire canadien. En vingt ans, durée non exceptionnelle pour un best-seller au XXIe siècle, mais qui l'est après-guerre, *Les Enfants terribles* obtient une renommée internationale.

Son succès provient également des nombreuses éditions et adaptations qui ont été faites à partir de ce livre : en 1935, Jean Cocteau publie une version illustrée des *Enfants terribles*, le texte est accompagné de soixante dessins qu'il nomme « poésie graphique », à laquelle il octroie une valeur d'œuvre artistique à part entière. En 1947, Maurice Cazeneuve, metteur en scène, scénariste, et réalisateur, enregistre une version radiographique du livre de Jean Cocteau d'après une adaptation d'Agnès Mella. Trois ans plus tard, Jean-Pierre Melville en collaboration avec Jean Cocteau, pour la scénarisation et les dialogues, réalise une adaptation cinématographique : « Le meilleur roman de Jean Cocteau est devenu le meilleur film de Jean-Pierre Melville. » (François Truffaut, réalisateur français ; 1959, *Les Quatre cents coups* ; 1961, *Jules et Jim* ; 1966, *Fahrenheit 451*). Le film sort en 1952 aux Etats-Unis. Posthume à Jean Cocteau, une adaptation en opéra de chambre est faite par Philip Grass, elle est représentée la première fois le 18 mai 1996.

« Voilà un livre dont je sors avec une admiration accrue pour son auteur. C'est son chef d'œuvre. Il fait preuve, là, d'une originalité qui n'irritera point, et qui le connaît bien l'y trouvera tel qu'il est. Un style parfait ; la phrase mince et musclée, peu d'images ; c'est vraiment le mystère en pleine lumière ! Mais qu'ils sont terribles, en effet, ces enfants !

Quelle surprise ! C'est pour la première fois que la littérature française envoie ses enfants en enfer... Il y a une scène prodigieuse d'intensité, les plus fortes pages que Cocteau ait jamais écrites, c'est bien certain. » (Maurice Martin du Gard)

Dans un monde guindé, aux mœurs corsetées encore dix-neuvièmiste, *Les Enfants terribles* s'accordent avec un renouveau social et artistique. Loin de la lourdeur romantique ou décadente, loin de l'engagement politique de la N.R.F., de la littérature engagée, d'un dada obscurantiste, d'un surréalisme tyrannique et abscons, *Les Enfants terribles* arrivent sur le devant de la scène culturelle comme avant-gardiste, où les enfants, qui de coutume subissent une éducation stricte et sévère, sont emprunts d'une liberté totale : liberté de mœurs, liberté financière, liberté sociale, liberté de refuser la société dans laquelle ils vivent et de se recréer un monde où le jeu est roi. Elisabeth se révèle tout le long de l'œuvre un Peter-Pan féminin, une enfant qui ne veut pas grandir, qui ne veut pas rentrer dans le monde adulte, travailler équivaut à jouer à la poupée et à se déguiser, et le seul garant de cette enfance est la présence de son frère, car un jeu se joue toujours à deux. Dans la même veine, est publié en 1925 *Les Faux Monnayeurs* d'André Gide, l'histoire de deux jeunes enfants bourgeois qui fuguent de chez eux et rêvent de liberté ; sort en 1959 *Les Quatre cent coups* de Truffaut, le personnage principal, un jeune garçon, multiplie avec son ami, des petits larcins davantage des bêtises que des crimes, qui le conduiront dans une maison de correction.

LES THÈMES
PRINCIPAUX

Le titre « *Enfants terribles* » est ambigu et paradoxal : le terme « enfant » évoque l'innocence, la simplicité, l'insouciance, tandis que l'adjectif péjoratif postposé « terrible » renvoie à la peur et à l'angoisse. L'association des deux mots qui forme un oxymore (association de deux termes qui connotent des idées contraires) oriente le lecteur sur deux pistes : les enfants peuvent faire preuve d'une bêtise innocente, ou bien d'une diabolique cruauté. Aussi le lecteur est-il en proie au doute, car il ne sait comment interpréter le titre et, par conséquent, ignore si ce roman est de l'ordre de la comédie ou de la tragédie. Grâce à une lecture attentive, le lecteur comprend assez vite que l'auteur désire entremêler les deux genres de la comédie et de la tragédie en donnant un caractère inquiétant aux jeux des enfants : au premier chapitre la bataille de neige qui se joue entre les enfants est traitée comme une véritable bataille de guerre. L'appellation de « bataille de neige » n'est jamais écrite entièrement ; Cocteau effectue une ellipse, il raccourcit cette expression de son complément (« de neige »), ce qui induit que cette bataille est dans le fond de la même veine que les guerres adultes, emplies de cruauté et de volonté de vaincre et de tuer. Dargelos achève la bataille en harassant son ennemi par une boule de neige dans la poitrine de Paul, ce qui lui provoque une congestion. Ce lancé et la réception de la boule dans la poitrine, suivis de la congestion, mettent en scène la mort symbolique de Paul.

Cocteau pourvoit *Les Enfants terribles* d'un narrateur omniscient qui, tour à tour, est extérieur (emploi de la troisième personne du singulier qui donne lieu à une description objective : chapitre 6 : « Cette baignade bouillante où Paul, flottant comme une algue, riant aux anges dans la vapeur », ainsi que d'une conscience extratextuelle (chapitre 13 : « On se souvient que l'hôtel contenait une galerie », ce « on » désigne l'auteur et le lecteur) ou dotée d'une prescience (ou d'une clairvoyance). La prescience est une des caractéristiques de la tragédie : toute condition humaine est prédéfinie par un destin guidé par la fatalité. Les êtres vivants naissent, existent et leurs actions sont orientées par leur propre mort. Le narrateur fait dans cette œuvre office de chœur, chœur qui dans la tragédie grecque annonce le dénouement fatal : chapitre 4 : « L'inouï de cette mort protégeait la morte comme un sarcophage barbare et allait lui donner par surprise, de même que l'enfance conserve le souvenir d'un évènement grave à cause d'un détail saugrenu, la place d'honneur au ciel des songes » ; chapitre 13 à propos de la galerie : « Ce parloir d'une maison de fous, décor idéal pour les personnes défuntes qui se matérialisent et annoncent leurs décès à distance », « Un grand mystère y devenait limpide : ce n'était ni pour sa fortune, ni pour sa force, ni pour son élégance qu'Elisabeth l'avait épousé, ni pour son charme. Elle l'avait épousé pour sa mort. » Les personnages, comme le lecteur, prennent connaissance de la mort à venir par le biais de ces annonces. Annonces, qui, par le biais de l'auteur, prennent une dimension existentielle. Le style d'écriture est emprunt de vérité générale et le ton est donné à l'emphase, par l'emploi de concepts : « mort », « mystère », « décès à distance », « inouï » ou de métaphores mystiques : « place d'honneur au ciel des songes », « sarcophage barbare » « parloir d'une maison de fou ».

À l'identique de la tragédie antique, *Les Enfants terribles* composent avec une instance divine. Paul est un héros, pris dans un conflit avec des forces qui le dépassent, et qui pour certaines sont intériorisées. Le dieu tout puissant et omniprésent est Dargelos : « Quel instinct de conservation déroutant, quel réflexe de l'âme, avaient pu faire hésiter la main d'Elisabeth le jour où elle versa Dargelos au trésor ? […]

Toujours est-il que la photographie n'était pas inoffensive. […] On l'a vu, le silence du tiroir avait pétri lentement, méchamment l'image, et il n'était pas drôle que Paul, au bout du bras d'Agathe, l'eût identifié à la boule de neige mystérieuse. » (explicit du chapitre 10) Dargelos intervient en début et fin de l'ouvrage, il tue symboliquement Paul au début et le tue définitivement et réellement à la fin en l'empoisonnant. Au-delà de sa présence physique, Dargelos est présent à travers son image, la photographie jointe au trésor suit les enfants d'une chambre à l'autre et empoisonne l'air, qui est néfaste, ainsi que le visage d'Agathe qui lui ressemble comme deux gouttes d'eau. Agathe est le pendant féminin de Dargelos, un appât, et c'est à cause d'elle, parce que Paul l'aime, qu'il se suicide. Cette citation : « Quel instinct de conservation déroutant, quel réflexe de l'âme, avaient pu faire hésiter la main d'Elisabeth le jour où elle versa Dargelos au trésor ? » indique au lecteur qu'Elisabeth a conscience de la malfaisance de Dargelos, et hésite à l'introduire dans le trésor par inquiétude. Pourtant, elle l'y introduit sur la demande de Paul. Elisabeth n'est pas le héros de cette tragédie, elle est inhumaine, divine : « Le génie de la chambre se substituait à elle » (chapitre 13) ; « Elle l'enferma et, continuant sa toile, monta chez Agathe. » Elisabeth est sous le pouvoir de Dargelos, elle est un pantin qu'il dirige, un monstre, une araignée qui tisse une toile où ses victimes, Paul, Agathe, et Gérard sont emprisonnées, enfermées dans des cocons d'ignorance. Elle agit avec malfaisance comme le font les moires qui tissent dans la mythologie le fil de la vie et le rompent.

Jean Cocteau rencontre Jean Bourgoint en 1925. Jean et Jeanne Bourgoint, son aînée, habitaient dans un hôtel particulier, rue Rodier à Paris. Ils vivaient tous deux dans la même chambre négligée et n'en sortaient jamais. Suicidaire et opiomane, Jean Bourgoint se convertit au christianisme, devint moine au Cameroun où il soigna les lépreux, alors que sa sœur se suicida après la publication des *Enfants terribles* en 1929. Leur chambre inspire le décor des *Enfants terribles* et leur relation passionnelle, les personnages de Paul et Elisabeth. Jean Cocteau utilise la réalité comme matière première et ne fait que révéler à partir des règles de la tragédie les déchirements humains dus à une passion dévorante. Ce déchirement est la conséquence de la dispute entre Eros et Thanatos, représentée dans sa forme allégorique et mythologique, une dispute qui dissimule les discordances de l'âme, ses luttes intérieures, entre l'esprit et les émotions, ici Eros, l'amour et Thanatos, la haine : « Elisabeth sécha les larmes de Paul, l'embrassa, le borda et quitta l'enceinte. Il fallait poursuivre sa tâche. L'instinct savait en elle que les meurtriers frappent coup sur coup, ne peuvent pas reprendre haleine. » (chapitre 13) Elisabeth agit avec cruauté pour son frère, puisqu'elle l'éloigne d'Agathe, mais, paradoxalement, elle le fait par amour, pour garder son frère auprès d'elle et conserver leur relation. Dans *Opium* (date de la même époque que *Les Enfants terribles*), Cocteau affirme que « l'art naît du coït entre l'élément mâle et l'élément femelle qui nous composent tous, plus équilibrés chez les artistes que chez les autres hommes ». La passion qui existe entre Elisabeth et Paul serait une représentation allégorique de l'esprit créateur et artiste de Jean Cocteau. L'équilibre évoqué par lui, dépend du jeu, de sa préservation, de son évolution et de l'effet boule de neige qui provoque l'acmé de l'œuvre, c'est-à-dire la scène qui justifie son existence.

Avant d'être un romancier, Jean Cocteau est un auteur

d'opéra et un dramaturge. Ainsi, le caractère tragique des *Enfants terribles* se retrouve également dans sa mise en scène, dans son traitement du genre romanesque ainsi que dans sa narration. Tout d'abord, l'auteur respecte, en l'adaptant au genre romanesque, les règles des trois unités : un unique lieu, une unique action, un unique temps pour une pièce de théâtre. Le lieu d'abord est celui de la chambre. La chambre ne se limite pas à des coordonnés géographiques fixes, mais à des lieux qui symbolisent et qui reproduisent l'univers de la chambre. La chambre est d'abord la véritable chambre de la fratrie : « Cette chambre contenait deux lits minuscules, une commode, une cheminée et trois chaises. » (chapitre 2), une chambre d'hôtel réaménagée : « C'était décider qu'Elisabeth et Paul coucheraient dans la chambre, Gérard dans la salle de bains. » (chapitre 6), une galerie réappropriée : « Le lendemain Paul s'organisa, se construisant une cabane […] Elisabeth, Agathe et Gérard, incapables de vivre loin de tous ces meubles, émigrèrent sur les trousses de Paul. On revivait. » (chapitre 13), et une scène de théâtre : « En face, les lits le dominaient comme un théâtre. L'éclairage de ce théâtre était l'origine d'un prologue qui situait tout de suite le drame. En effet, la lumière se trouvait au dessus du lit de Paul. » (chapitre 7) Paul mourra finalement dans cette chambre symbolique. Le temps est celui de l'enfance : « Elisabeth et Paul, faits pour l'enfance » (chapitre 9) ; « Dans le monde singulier des enfants » (chapitre 7), et l'action tourne autour du jeu : « Joue-t-il le jeu ? » (chapitre 2) ; « Le moribond s'exténuait. Il se tendait du côté d'Elisabeth, du côté de la neige, du jeu de la chambre de leur enfance. » (chapitre final) C'est l'association de ces ingrédients qui créent le tragique. C'est le jeu qui fait boule de neige, la chambre qui, recherchée et toujours présente, maintient l'univers de l'enfance. Et cette enfance, c'est elle qui nourrit le jeu, celui de cap' ou pas cap', et qui, poussé à son extrême, à son paroxysme, mène à la mort.

ÉTUDE DU MOUVEMENT LITTÉRAIRE

Jean Cocteau n'est affilié à aucun mouvement littéraire en particulier. Dans sa jeunesse, auteur de poésie, il tente de rejoindre le mouvement Dada avec lequel il se sent des affinités. Il propose des poèmes pour composer une *Anthologie Dada* qui sont acceptés. Cependant, alors qu'il devait participer à une manifestation Dada pour lequel il avait écrit des poèmes, ceux-ci furent retirés du programme. Dès lors Cocteau rompt toutes relations avec Tzara et Picabia qui représentent le dadaïsme. Pendant des années, les deux chefs de file l'attaqueront publiquement et dénigreront ses travaux.

Orphée ou *Le Testament d'Orphée* sont les héritiers du mouvement symboliste auquel Jean Moréas donne naissance dans son *Manifeste*. Mais l'année de 1886, date de publication du *Manifeste* qui donne naissance au mouvement, exclue Cocteau de sa participation. A défaut d'être symboliste, par son retard générationnel, Cocteau est considéré comme un postsymboliste, et le terme de postsymboliste ne recèle pas un mouvement. Cocteau appartient à cette génération fin de siècle qui s'inspire de l'esthétique des maîtres précédents.

Selon Charles Delattre, dans son analyse de *La Machine infernale* de Cocteau : « Cocteau est le produit de ces différents groupes qui aident à sa formation et au milieu desquels il vit. Des symbolistes, il garde une certaine préciosité de langage, la curiosité dans le mysticisme et le goût des mondanités. Il se rapproche de la N.R.F., qui le méprise par un certain conservatisme, l'attachement à la culture classique et au culte de l'intelligence. Il participe activement au mouvement Dada tant que celui-ci est en vie, et en garde la joie de la provocation et du divertissement. Il entretient avec les surréalistes des relations conflictuelles, faites de haines tenaces et d'amitiés solides, et recherche les mêmes objets, le désir et l'inconscient, par des voies parallèles. »

Le symbolisme s'étend tout le long de la seconde moitié du

XIXᵉ siècle. Jean Moréas publie en 1886 dans le Figaro, un *Manifeste du Symbolisme*, considéré comme l'acte de naissance du mouvement. Verlaine et Mallarmé sont élus malgré eux chefs de file. Le terme de « symbole » perd son sens premier qui est courant et détourné, il prend un sens obscur : l'idée naît du rapprochement entre deux réalités différentes. De cette collision apparait un monde idéal, total, où les contraintes, contradictions, cohérences du réel disparaissent au bénéfice de la poésie. Le symbole ne désigne pas une réalité concrète, il suggère et suscite l'imagination. Ses œuvres majeures sont les *Poèmes saturniens* de Paul Verlaine, *L'Imitation de notre dame de la Lune* de Jules Laforgue, *L'Après-midi d'un faune* de Mallarmé, *Pelléas et Mélisande* de Materlinck, *Tête d'or* de Paul Claudel. Tous ces auteurs ont pour arrière-plan fantasmagorique, le désir de révéler un monde spirituel à la manière de Baudelaire, grâce à la synesthésie. Ils cherchent à créer des évocations à partir de correspondances entre les mots, entre les sons. *A fortiori*, Gustave Kahn, Mallarmé, Jules Laforgue adoptèrent le vers libre, détaché de toutes règles métriques et phonétiques.

Sous le sigle de la *N.R.F.* se cache une revue : *La Nouvelle revue française*, dirigée par André Gide et noircie par ses collaborateurs, critiques littéraires, Jean Schlumberger, Marcel Drouin, Jacques Copeau, André Ruyters et Henri Ghéon. Le premier numéro paraît en 1909. Deux ans plus tard, la revue est rachetée par Gaston Gallimard. Même si la *N.R.F* ne se manifeste pas par un mouvement littéraire, ses fondateurs revendiquent néanmoins une conception de la littérature qui leur est propre. La revue s'allie notamment avec des auteurs du progrès, porteurs d'une idéologie, comme Jean-Paul Sartre et soutient la philosophie existentialiste, de même que les innovations poétiques de Guillaume Apollinaire. Ses articles et ses lignes sont les portes paroles d'une littérature avant-gardiste. Aujourd'hui, la revue existe toujours sous l'égide de Gallimard, et est devenue trimestrielle.

Créé à Zurich en 1916, le mouvement Dada voue un culte à la transgression et à la provocation. Son fondateur, Tristan Tzara, un jeune écrivain roumain (1896-1963), rejette les principes et contraintes de la religion, de la politique, de l'art et de la littérature. Le groupe de poètes qu'il a réuni, Marcel Duchamp, Hugo Ball, Max Ernst, Francis Picabia, Jean Arp, et d'autres, investit dans la poésie un grand souffle de liberté qu'il veut à la fois composite et lyrique. Le choix du terme Dada élevé au rang de titre revendiqué et revendicatif fut effectué avec le plus grand des hasards, un dictionnaire ouvert sur une page et un coupe papier tombant sur le mot « dada » qui désigne familièrement et dans la bouche d'un enfant, un cheval. En roumain, « dada » signifie « oui, oui. » Pendant la Première guerre mondiale, les manifestes du dadaïsme atteignent la France où le mouvement se répand. Démocratique, le Dada l'est davantage que tout autre groupe. Tous les membres sont égaux et les femmes acceptées volontiers. Le Dada vit son apogée entre 1920 et 1922. La rupture entre André Breton et Tzara en 1922 a provoqué la création du mouvement surréaliste.

Le mouvement surréaliste naît officiellement en 1924 à la publication du premier *Manifeste du surréalisme* d'André Breton. En réponse à la Seconde guerre mondiale et à son absurdité, se forme une pensée qui appréhende l'homme dans sa totalité et pas uniquement sur le plan de l'écriture ou de la création artistique. La plus grande découverte stylistique engendrée par ce mouvement est l'écriture automatique par André Breton et Philippe Soupault dans *Les Champs magnétiques* en 1920. André Breton inclut dans son groupe Antonin Artaud, Robert Desnos, Michel Leiris, Max Ernst, Dali, Aragon et Paul Eluard notamment.

Antonin Artaud démentira ultérieurement cette attache qu'il n'a jamais souhaitée. Le surréalisme prône un affranchissement du langage et des structures mentales en cherchant un « automatisme psychique pur ». L'esprit ne doit en rien être brimé par une codification classique ou, tout du moins, par une réglementation qualifiée de contrôle. L'imagination prévaut sur la rationalisation. Reverdy prétend que l'image poétique surgit de la confrontation entre deux réalités, alors qu'André Breton fait confiance à l'arbitraire supposé réunir en une même image des réalités qui n'auraient jamais dues se rencontrer. La Seconde Guerre Mondiale met un terme à ce mouvement qui est loin de la réalité et de ses enjeux, et ramène les hommes à des préoccupations immédiates comme l'engagement politique et la Résistance.

DANS LA MÊME COLLECTION
(par ordre alphabétique)

- **Anonyme**, *La Farce de Maître Pathelin*
- **Anouilh**, *Antigone*
- **Aragon**, *Aurélien*
- **Aragon**, *Le Paysan de Paris*
- **Austen**, *Raison et Sentiments*
- **Balzac**, *Illusions perdues*
- **Balzac**, *La Femme de trente ans*
- **Balzac**, *Le Colonel Chabert*
- **Balzac**, *Le Lys dans la vallée*
- **Balzac**, *Le Père Goriot*
- **Barbey d'Aurevilly**, *L'Ensorcelée*
- **Barbey d'Aurevilly**, *Les Diaboliques*
- **Bataille**, *Ma mère*
- **Baudelaire**, *Les Fleurs du Mal*
- **Baudelaire**, *Petits poèmes en prose*
- **Beaumarchais**, *Le Barbier de Séville*
- **Beaumarchais**, *Le Mariage de Figaro*
- **Beauvoir**, *Mémoires d'une jeune fille rangée*
- **Beckett**, *Fin de partie*
- **Brecht**, *La Noce*
- **Brecht**, *La Résistible ascension d'Arturo Ui*
- **Brecht**, *Mère Courage et ses enfants*
- **Breton**, *Nadja*
- **Brontë**, *Jane Eyre*
- **Camus**, *L'Étranger*
- **Carroll**, *Alice au pays des merveilles*
- **Céline**, *Mort à crédit*
- **Céline**, *Voyage au bout de la nuit*

- **Chateaubriand**, *Atala*
- **Chateaubriand**, *René*
- **Chrétien de Troyes**, *Perceval*
- **Cocteau**, *La Machine infernale*
- **Colette**, *Le Blé en herbe*
- **Corneille**, *Le Cid*
- **Crébillon fils**, *Les Égarements du cœur et de l'esprit*
- **Defoe**, *Robinson Crusoé*
- **Dickens**, *Oliver Twist*
- **Du Bellay**, *Les Regrets*
- **Dumas**, *Henri III et sa cour*
- **Duras**, *L'Amant*
- **Duras**, *La Pluie d'été*
- **Duras**, *Un barrage contre le Pacifique*
- **Flaubert**, *Bouvard et Pécuchet*
- **Flaubert**, *L'Éducation sentimentale*
- **Flaubert**, *Madame Bovary*
- **Flaubert**, *Salammbô*
- **Gary**, *La Vie devant soi*
- **Giraudoux**, *Électre*
- **Giraudoux**, *La Guerre de Troie n'aura pas lieu*
- **Gogol**, *Le Mariage*
- **Homère**, *L'Odyssée*
- **Hugo**, *Hernani*
- **Hugo**, *Les Misérables*
- **Hugo**, *Notre-Dame de Paris*
- **Huxley**, *Le Meilleur des mondes*
- **Jaccottet**, *À la lumière d'hiver*
- **James**, *Une vie à Londres*
- **Jarry**, *Ubu roi*
- **Kafka**, *La Métamorphose*
- **Kerouac**, *Sur la route*
- **Kessel**, *Le Lion*

- **La Fayette**, *La Princesse de Clèves*
- **Le Clézio**, *Mondo et autres histoires*
- **Levi**, *Si c'est un homme*
- **London**, *Croc-Blanc*
- **London**, *L'Appel de la forêt*
- **Maupassant**, *Boule de suif*
- **Maupassant**, *Le Horla*
- **Maupassant**, *Une vie*
- **Molière**, *Amphitryon*
- **Molière**, *Dom Juan*
- **Molière**, *L'Avare*
- **Molière**, *Le Malade imaginaire*
- **Molière**, *Le Tartuffe*
- **Molière**, *Les Fourberies de Scapin*
- **Musset**, *Les Caprices de Marianne*
- **Musset**, *Lorenzaccio*
- **Musset**, *On ne badine pas avec l'amour*
- **Perec**, *La Disparition*
- **Perec**, *Les Choses*
- **Perrault**, *Contes*
- **Prévert**, *Paroles*
- **Prévost**, *Manon Lescaut*
- **Proust**, *À l'ombre des jeunes filles en fleurs*
- **Proust**, *Albertine disparue*
- **Proust**, *Du côté de chez Swann*
- **Proust**, *Le Côté de Guermantes*
- **Proust**, *Le Temps retrouvé*
- **Proust**, *Sodome et Gomorrhe*
- **Proust**, *Un amour de Swann*
- **Queneau**, *Exercices de style*
- **Quignard**, *Tous les matins du monde*
- **Rabelais**, *Gargantua*
- **Rabelais**, *Pantagruel*

- **Racine**, *Andromaque*
- **Racine**, *Bérénice*
- **Racine**, *Britannicus*
- **Racine**, *Phèdre*
- **Renard**, *Poil de carotte*
- **Rimbaud**, *Une saison en enfer*
- **Sagan**, *Bonjour tristesse*
- **Saint-Exupéry**, *Le Petit Prince*
- **Sarraute**, *Enfance*
- **Sarraute**, *Tropismes*
- **Sartre**, *Huis clos*
- **Sartre**, *La Nausée*
- **Senghor**, *La Belle histoire de Leuk-le-lièvre*
- **Shakespeare**, *Roméo et Juliette*
- **Steinbeck**, *Les Raisins de la colère*
- **Stendhal**, *La Chartreuse de Parme*
- **Stendhal**, *Le Rouge et le Noir*
- **Verlaine**, *Romances sans paroles*
- **Verne**, *Une ville flottante*
- **Verne**, *Voyage au centre de la Terre*
- **Vian**, *J'irai cracher sur vos tombes*
- **Vian**, *L'Arrache-cœur*
- **Vian**, *L'Écume des jours*
- **Voltaire**, *Candide*
- **Voltaire**, *Micromégas*
- **Zola**, *Au Bonheur des Dames*
- **Zola**, *Germinal*
- **Zola**, *L'Argent*
- **Zola**, *L'Assommoir*
- **Zola**, *La Bête humaine*
- **Zola**, *Nana*
- **Zola**, *Pot-Bouille*